JOSÉ TOLENTINO DE MENDONÇA

ESPERANZA
Y EDUCACIÓN CATÓLICA

Fundación Universitaria Española

Publicaciones
de la
FUNDACIÓN
UNIVERSITARIA
ESPAÑOLA

Fuera de colección – 27

Imagen de la cubierta: Esperanza d'Ors: *Touch the Sky*

FUNDACIÓN UNIVERSITARIA ESPAÑOLA
ALCALÁ, 93 (28009 MADRID)
TF.: 91 431 11 93 — 91 431 11 22
Fax: 91 576 73 52 e-mail: fuesp@fuesp.com

ISBN: 978-84-19672-63-6
eISBN: 978-84-19672-64-3
Depósito Legal: M-4253-2026

ÍNDICE

PRESENTACIÓN

Lydia Jiménez

Presidenta de la Fundación Universitaria Española

Es una gran alegría prologar la publicación de dos textos del cardenal D. José Tolentino de Mendonça, prefecto del Dicasterio para la Cultura y la Educación, en los que nos invita a la esperanza. El primero, «Un léxico de esperanza para la educación católica en el siglo XXI», es el título de la conferencia que pronunció en la Fundación Universitaria Española, el 20 de enero de 2026; y el segundo, «Nuevos mapas de esperanza para la educación católica en el siglo XXI», el título de la que pronunció al día siguiente, en la Universidad Católica de Ávila. En ellos, el cardenal Tolentino, reconocido poeta, teólogo y biblista, nos ofrece un glosario y un mapa para afrontar los desafíos educativos y culturales actuales[1]. La esperanza es la única que nos hace ponernos en camino. Nos brinda sentido y orientación, solo la esperanza nos permitirá recuperar una vida en la que vivir sea más que sobrevivir. Ella despliega todo un horizonte de sentido, capaz de reanimar y alentar a la vida, y nos regala el futuro[2].

---

[1] Entre sus publicaciones traducidas al español, destacamos: *La amistad. Un encuentro que llena la vida* (2024); *El poder de la esperanza. Manos que sostienen el alma del mundo* (2020); *La mística del instante. El tiempo y la promesa* (2020); *El pequeño camino de las grandes preguntas* (2020); Pequeña teología de la lentitud (2017).

[2] Cf. Byung-Chul Han, *El espíritu de la esperanza. Con imágenes de Anselm Kiefer*, Herder, Barcelona 2024.

La esperanza nos invita a mirar a lo lejos, nos hace creer en el futuro que hemos de preparar desde ahora. El papa Francisco convocó el Jubileo ordinario de 2025 bajo el signo de la esperanza[3], y nos exhortó a poner atención en «todo lo bueno que hay en el mundo para no caer en la tentación de considerarnos superados por el mal y la violencia. En este sentido, los signos de los tiempos, que contienen el anhelo del corazón humano, necesitado de la presencia salvífica de Dios, requieren ser transformados en signos de esperanza»[4]. En el corazón de toda persona anida la esperanza como deseo y expectativa del bien, aun ignorando lo que traerá consigo el mañana. Casi veinticinco años atrás, san Juan Pablo II, en la exhortación apostólica postsinodal, *Ecclesia in Europa*[5], sin dejar de constatar la existencia de numerosos signos preocupantes en nuestro continente, con la pérdida de la memoria y la herencia cristianas, no dudó en hacer una vibrante llamada a la esperanza para que no claudiquemos ante modos de pensar y de vivir que no tienen futuro, porque el hombre no puede vivir sin esperanza, su vida, condenada a la insignificancia, se convertiría en insoportable[6]. Pero la esperanza no vive de sí misma, para poder esperar es necesario haber recibido una gracia verdaderamente grande, es necesario ser muy feliz, decía Charles Péguy.

Nuestra cultura actual se jacta de no tener fe y exige excluir toda referencia a lo que no es puramente material y medible. Prevalece

---

[3] Francisco, *Spes non confundit* (Rm 5, 5). Bula de convocación del Jubileo ordinario 2025, (9-5-2024).

[4] Francisco, *Spes non confundit* (Rm 5, 5). Bula de convocación del Jubileo ordinario 2025, n. 7.

[5] San Juan Pablo II, exhortación apostólica postsinodal *Ecclesia in Europa* (28-6-2003).

[6] Cf. II Asamblea especial para Europa del Sínodo de los Obispos, *Mensaje final*, 1:*L'Osservatore Romano*, 29 octubre 1999, p. 10.

una cultura cuantitativa congruente con la masificación, a la que corresponde una ética utilitarista. En la cultura posmoderna se presenta todo lo cristiano como algo anclado en el pasado, como si fuese pieza de un museo. Se incide sobre todo en propagar una sospecha sobre la razón humana en su capacidad de alcanzar la verdad, y en su valor de universalidad entre los hombres[7]. La aceptación de la verdad es lo que da el sentido de la realidad a una cultura y hace posible la libertad: «la verdad os hará libres» (Jn 8, 32). Una confusa ideología de la libertad conduce a un dogmatismo que se revela cada vez más hostil contra la libertad hasta llegar a lo que hoy se llama cultura de la cancelación[8].

Actualmente ninguna religión revelada tiene influencia pública en el Occidente europeo. Una fe que se conserva encerrada en la intimidad es incapaz de dirigir realmente la vida. La fe hoy tiende a concebirse como una opción privada, sin embargo, la fe es siempre social, nos enseña a confiar en los vínculos que nos unen a otras personas. La fe cristiana fundamenta la vida social sobre los principios tomados del Evangelio y su impronta se percibe en el arte, la literatura, el pensamiento y la cultura, pero esta herencia «no pertenece solamente al pasado, es un proyecto para el porvenir que se ha de transmitir a las generaciones futuras»[9].

La cultura necesita una dimensión religiosa. La esperanza de construir un mundo más justo y digno del hombre, no puede prescindir de la convicción de que nada valdrían los esfuerzos humanos si no fueran acompañados por la ayuda divina, porque «si el Señor

---

[7] Como lo dice explícitamente: Gianni Vattimo, Pier Aldo Rovatti, *El pensamiento débil*, Cátedra, Madrid 1988.

[8] Cf. Joseph Ratzinger / Benedicto XVI, *Liberar la libertad. Fe y política en el tercer milenio*, BAC, Madrid 2018.

[9] San Juan Pablo II, Exh. ap. post., *Ecclesia in Europa* (28-6-2003), n. 120.

no construye la casa, en vano se afanan los albañiles» (*Sal* 127, 1). Se trata de reconocer y recuperar con fidelidad creativa los valores fundamentales que el cristianismo ha contribuido de manera determinante a adquirir y que pueden sintetizarse en la afirmación de la dignidad trascendente de la persona humana, del valor de la razón, de la libertad, entendida como la capacidad de establecer vínculos y construir algo común[10].

Como destaca el cardenal Tolentino, la educación es, por naturaleza, un acto de esperanza, que «partiendo del presente, mira hacia el futuro: la educación es una decisión, una responsabilidad y un riesgo de sembrar». Y nos recuerda la exhortación del papa León XIV, en el marco del Jubileo del Mundo Educativo, a activar la esperanza: «Pido a todas las realidades educativas que inauguren una etapa que hable al corazón de las nuevas generaciones, recomponiendo el conocimiento y el sentido, la competencia y la responsabilidad, la fe y la vida»[11].

La vida es siempre más, nos trasciende, es un *imposible* para nosotros, atreverse con ese imposible supone grandeza de ánimo, magnanimidad. El grande de ánimo espera siempre, contra todas las dificultades y los reveses. La esperanza le es constitutiva. La grandeza de ánimo, que se aprende en la familia, es, al mismo tiempo, la clave sin la cual ni la economía, ni la política, ni nada en sociedad puede desarrollarse adecuadamente. Aquel que admira magnánimamente cosas grandes, es fino de espíritu[12]. La finura de espíritu tiene que ver principalmente con la *atención* al otro. Es esa actitud la que más profundamente nos universaliza e interioriza, y, por ello, la que más

---

[10] San Juan Pablo II, Exh. ap. post., *Ecclesia in Europa*, n. 109.
[11] León XIV, Carta Apostólica *Diseñar nuevos mapas de esperanza*, 27-10-2025, 10.2.
[12] Rafael Alvira, *Filosofía de la vida cotidiana*, Rialp, Madrid 20053, p. 79.

profundamente nos perfecciona. La finura tiene que ver con captar el *detalle*. Y una persona fina de espíritu es lo que se llama un aristócrata, no en el sentido de la aristocracia histórica sino de la aristocracia natural, el espíritu aristocrático. Por eso la fineza de espíritu consiste en vivir magnánimamente.

Generar corazones grandes, generosos, atentos a las necesidades de los demás, capaces de descubrir lo bello, lo verdadero, lo grande en lo pequeño, es la tarea de toda verdadera educación, y a ello nos invita la lectura de estos textos. Agradecemos al cardenal Tolentino su visita y el recuerdo imborrable que nos ha dejado en la Fundación Universitaria Española y en la Universidad Católica de Ávila.

UN LÉXICO DE ESPERANZA PARA LA EDUCACIÓN PARA LA EDUCACIÓN CATÓLICA EN EL SIGLO XXI

Sra. presidenta de la Fundación Universitaria Española, doña Lydia Jiménez González; don Juan Álvarez Morales, vicepresidente; don Javier Huerta Calvo, secretario del Patronato; estimados patronos y catedráticos aquí presentes; distinguidos rectores y rectoras de las universidades católicas que nos acompañan; muy queridos todos[1]:

Con un sentimiento de profunda gratitud tomo la palabra ante esta asamblea. Nos preguntamos juntos sobre una virtud que corre el riesgo de parecer, a los ojos del desencanto contemporáneo, frágil o incluso obsoleta: la virtud de la esperanza. Sin embargo, pensar un «léxico de esperanza» para la educación del siglo XXI no significa añadir un adorno retórico a un sector ya técnicamente definido, ni permitirse un discurso fácilmente consolador. Significa, por el contrario, reconocer que las herramientas para educar –y para imaginar lo humano– están cambiando radicalmente, porque está cambiando la trama misma del mundo. Pero, al mismo tiempo, significa también reconocer que existen valores tan arraigados en la matriz hu-

---

[1] Conferencia pronunciada en la Fundación Universitaria Española el día 20 de enero de 2026.

mana, que nunca pueden fallar sin el riesgo de que todo sucumba. El apóstol Pablo escribió:

> La esperanza no defrauda, porque el amor de Dios ha sido derramado en nuestros corazones por medio del Espíritu Santo que nos ha sido dado (Rm 5, 5).

También en el ámbito educativo debemos proclamar: *Spes non confundit!* Para educar necesitamos de esperanza, y de una grande, de una divina esperanza. Pues, como enseñó santo Tomás de Aquino, «en la medida en que esperamos algo que es posible para nosotros mediante la ayuda divina, nuestra esperanza se dirige a Dios, en cuya ayuda se apoya». Ese es nuestro horizonte.

Vivimos en una época marcada por fuertes contrastes, por vertiginosas aceleraciones tecnológicas y por la llegada omnipresente de la inteligencia artificial (IA). En este escenario, prevalece constantemente la tentación de reducir la educación a una mera técnica de transmisión de competencias, a una cadena de procedimientos eficientes, a una promesa de éxito funcional. Pero la educación, si quiere permanecer fiel a su vocación humanística y cristiana, no puede ser una fábrica de credenciales o un servicio que optimizar. Es, por naturaleza, un acto de esperanza. Y la esperanza, como nos recuerda la tradición bíblica y sapiencial, no es simple optimismo. El optimismo es una variación del estado de ánimo, a menudo ingenua; la esperanza es una virtud teologal y antropológica; es una obra del Espíritu Santo sobre la realidad a través de nuestras acciones; es un ejercicio de discernimiento que se toma en serio, potenciándola, la contribución de los sujetos y los límites de las sociedades hodiernas, pero sin perder de vista la fuerza que Dios –y solo Dios– derrama en el corazón de la historia. El *Catecismo de la Iglesia Católica* (CIC) nos recuerda que «la esperanza es la virtud teologal por la que deseamos el Reino de los Cielos y la vida eterna como nuestra felicidad, poniendo nuestra confianza en las promesas de Cristo y apoyándonos no en nuestras fuerzas, sino en la ayuda de la gracia del Espíritu Santo» (CIC n. 1817). La esperanza despierta el deseo de la plenitud y enseña el arte de confiar en la gracia. Por eso, contrariamente al nihilismo rampante, «educar es un acto de esperanza y una pasión que se renueva». En esta línea, estamos llamados a aceptar el desafío del Santo Padre a activar la esperanza:

> Pido a todas las realidades educativas que inauguren una etapa que hable al corazón de las nuevas generaciones, recomponiendo el conocimiento y el sentido, la competencia y la responsabilidad, la fe y la vida[2].

1. EL CANSANCIO DEL FUTURO Y LA URGENCIA DE UNA GRAMÁTICA

Hoy se impone una pregunta: ¿cuál es el vocabulario con el que se habla de educación? Y ¿qué vocabulario nos falta? De hecho, si la universidad quiere servir al bien común, debe asumir la responsabilidad de afirmar un léxico capaz de ser fiel al horizonte integral del ser humano en todas sus dimensiones. Para construir este léxico, tal vez debamos partir de un diagnóstico honesto de nuestro tiempo. Propongo tres observaciones, que no pretenden ser pesimistas, sino realistas, para arraigar nuestra reflexión en la tierra concreta de la historia.

---

[2] León XIV, Carta Apostólica *Diseñar nuevos mapas de esperanza*, 27 de octubre de 2025, n. 10.2.

La primera observación se refiere a nuestros jóvenes. Muchos de ellos viven una verdadera «fatiga del futuro». No se trata solo de una incerteza social, económica o laboral, aunque la precariedad sea un hecho innegable; es una cuestión de representación de la vida y del sentido o la ausencia de sentido que esta tiene. Se puede tener acceso a un océano de información, estar hiperconectado y, al mismo tiempo, sentirse desorientado, incapaz de proyectarse hacia un mañana que no sea una amenaza. Los jóvenes, como se desprende de recientes encuestas, a menudo no tienen esperanza en el futuro, y esta ausencia de expectativas corre el riesgo de convertirse en una parálisis existencial. La esperanza, en cambio, es lo que permite proyectar la vida hacia un futuro deseable, afrontar las dificultades y perseverar. La esperanza es poder confesar: «Sé en quién he puesto mi confianza» (1 Tim 1,12). Las instituciones católicas tienen que dialogar con esto.

La segunda observación se refiere a la tecnología. Puede ser una aliada extraordinaria, pero hoy en día tiende a transformar nuestra atención en un bien monetizado y fragmentado. Vivimos en un entorno algorítmico que corre el riesgo de colonizar nuestra interioridad. No se trata de demonizar la inteligencia artificial o lo digital, sino de evitar que nos utilicen: que empobrezcan el lenguaje y reduzcan el conocimiento a un mero rendimiento. El papa León XIV lo reitera:

> Nuestra actitud hacia la tecnología nunca puede ser hostil, porque "el progreso tecnológico forma parte del plan de Dios para la creación". Pero exige discernimiento en el diseño didáctico, en la evaluación, en las plataformas, en la protección de datos, en el acceso equitativo. En cualquier caso, ningún algoritmo podrá sustituir lo que hace humana a la educación[3].

---

[3] León XIV, Carta Apostólica *Diseñar nuevos mapas de esperanza*, 27 de octubre de 2025, n. 9.2.

Nosotros tenemos que custodiar una perspectiva humanizada de educación.

La tercera constatación se refiere a la fragmentación cultural en que vivimos. La polarización, la soledad, la dificultad para escuchar y dialogar son, lamentablemente, características que están aumentando en nuestras sociedades. Sin un léxico común, la afirmación de los diferentes intereses se convierte fácilmente en polarización tribal. Necesitamos una visión madura y unitaria, que pueda promover las capacidades de relación y convivencia. El papa León, en la misa de apertura del presente año académico en Roma, dijo:

> Hoy nos hemos convertido en expertos en detalles infinitesimales de la realidad, pero somos incapaces de tener de nuevo una visión de conjunto, una visión que mantenga unidas las cosas a través de un significado más grande y más profundo; la experiencia cristiana, en cambio, quiere enseñarnos a mirar la vida y la realidad con una mirada unitaria, capaz de abarcarlo todo y rechazar toda lógica parcial[4].

Educar es un acto de esperanza que, partiendo del presente, mira hacia el futuro: la educación es una decisión, una responsabilidad y un riesgo de sembrar. Si es un acto, requiere herramientas. Un léxico de la esperanza es precisamente una herramienta: una gramática común, capaz de transformar las intuiciones en prácticas. Tenemos que caminar en esta dirección. Cuando las universidades y las instituciones católicas se atreven a presentarse como aliadas activas de la esperanza, nos dan, como declaró san Juan Pablo II en la Constitución Apostólica *Ex-Corde Ecclesiae*, «la fundada esperanza de un

---

[4] León XIV, Homilía *Santa Misa con los universitarios de las universidades pontificias*, 27 de octubre de 2025.

nuevo florecimiento de la cultura cristiana en el contexto múltiple y rico de nuestro tiempo en mutación, que ciertamente se enfrenta a graves desafíos, pero que también es portador de muchas promesas bajo la acción del Espíritu de verdad y de amor» (n. 2).

2. LAS PALABRAS FUNDACIONALES: VERDAD, VISIÓN INTEGRAL, DIÁLOGO

Entremos, pues, en la zona de construcción de este léxico. No se trata de un glosario que hay que memorizar, sino de puertas que hay que abrir para consolidar la profundidad de la experiencia académica.

La primera palabra es *verdad*. Como nos recuerda la reflexión filosófica y teológica, esperar no es desear algo genérico, sino confiar en un fundamento, reconocer que en el *logos* hay una promesa que precede a nuestras palabras. Es fundamental cultivar la búsqueda de la verdad, «para que lo que ocurre en las aulas de la universidad y en los ambientes educativos de todo tipo y nivel, no sea un ejercicio intelectual abstracto, sino que se convierta en una realidad capaz de transformar la vida, de profundizar nuestra relación con Cristo, de hacernos comprender mejor el misterio de la Iglesia, de hacernos testigos audaces del Evangelio en la sociedad»[5]. Recordaba la filósofa María Zambrano que el problema del hombre es su realización, y esta no se produce sin aceptar la llamada a la verdad en un trabajo aún más inexorable que el de «ganarse el pan»: «Es el trabajo de ganarse el ser». En una época en la que la verdad aparece a menudo como un arma o como una mercancía, la tradición universitaria

---

[5] LEÓN XIV, Homilía *Santa Misa con los universitarios de las universidades pontificias*, 27 de octubre de 2025.

debe recordar que la búsqueda conjunta de la verdad es la forma más fecunda de construir, desarrollar y restituir el conocimiento. No es la obsesión por tener razón, sino la capacidad de enfrentarse a la realidad total.

La segunda expresión es *visión integral*. La búsqueda de la verdad nos exige la sabiduría de la escucha integral. Cuando no existe esta cualidad de escucha, el futuro se cierra de antemano y las promesas educativas, en el fondo, se falsifican o se traicionan. La experiencia educativa católica está llamada a contrarrestar lo que aún la mente lúcida de Zambrano describía como «la triste incapacidad de nuestra época moderna para dar a cada uno lo suyo [...] esto es, una idea del hombre en su integridad». San John Henry Newman, a quien el papa León declaró copatrono de la misión educativa, reiteraba que el verdadero saber es un todo orgánico y que su finalidad no se realiza solo en la adquisición de una competencia profesional, sino en la formación integral:

> La vida se ilumina [...] cuando uno descubre en su interior esta verdad: ¡estoy llamado por Dios, tengo una vocación, tengo una misión, mi vida sirve para algo más grande que yo mismo! [...] Estamos llamados a formar personas, para que brillen como estrellas en su plena dignidad. Por lo tanto, podemos decir que la educación, desde la perspectiva cristiana, ayuda a todos a convertirse en santos[6].

La tercera palabra es *diálogo*. El diálogo es la forma adulta de la convivencia. No equivale al relativismo; equivale a reconocer que el otro es un interlocutor, no un obstáculo. En una época marcada por

---

[6] LEÓN XIV, Homilía *Santa Misa y proclamación a «Doctor de la Iglesia» de san John Henry Newman*, 1 de noviembre de 2025.

los conflictos, dialogar es un acto de generatividad cultural. Y el diálogo educativo no solo concierne a las personas, sino también al conocimiento: hay que aprender a unir mejor ciencia, tecnología, artes, filosofía, teología, economía y derecho. El mundo está interconectado; también el conocimiento debe ser capaz de establecer conexiones. En el aula, escuchar significa crear las condiciones para que surjan las preguntas, para que el estudio no sea solo recepción pasiva, sino investigación compartida. A nivel institucional, significa aprender a leer los signos de los tiempos y a interpretar los grandes retos de esta transición de nuestra época.

3. LA ESPERANZA COMO FORMA DEL PENSAMIENTO Y ESTRUCTURA DEL TIEMPO

Debemos devolver a la esperanza su centralidad. No es un sentimiento vago, sino una forma de pensamiento. Esperar no significa ciertamente ignorar lo negativo. Al contrario, la esperanza nace cuando se toma en serio a cada ser humano hasta el fondo, incluidas sus heridas. La esperanza es un «realismo espiritual». Esta postura cognitiva influye en nuestra relación con el tiempo. Hoy en día, la cultura separa el presente del futuro: o lo llena de urgencias o lo anestesia con entretenimiento. La educación debe reparar esta fractura: enseñar a leer el presente con sentido, como el lugar donde se prepara el futuro. Una escuela o una universidad que educa en la esperanza no promete atajos, sino que forma personas capaces de ejercer plenamente la responsabilidad. Aquí tenemos que recuperar proximidad con palabras antiguas como *atención, silencio, interioridad*. En un léxico de esperanza, estas palabras deben tener dignidad académica. No hay estudio sin una ecología de la atención. Y no hay libertad sin la capacidad de escapar de la tiranía de lo inmediato, cultivando la interioridad. Al clausurar el Jubileo del Mundo Educativo, el papa León aclaró:

> Es un error pensar que para enseñar bastan las palabras bonitas o las buenas aulas, los laboratorios y las bibliotecas. Estos son solo medios y espacios físicos, sin duda útiles, pero el maestro está dentro. La verdad no circula a través de los sonidos, las paredes y los pasillos, sino en el encuentro profundo entre las personas, sin el cual cualquier propuesta educativa está destinada al fracaso. Vivimos en un mundo dominado por pantallas y filtros tecnológicos a menudo superficiales, en el que los estudiantes necesitan ayuda para entrar en contacto con su interioridad[7].

4. LA UNIVERSIDAD COMO LABORATORIO DE ESPERANZA

¿Cómo puede la educación superior convertirse hoy en día en un «motor del futuro» y no en una simple correa de transmisión del sistema existente? La esperanza no es un concepto etéreo, sino una fuerza que puede transformar las instituciones y las comunidades, orientar las decisiones y dar un rostro humano al conocimiento. Pero, para que este léxico se convierta en lengua viva, es necesario que la propia universidad se replantee como «laboratorio de esperanza».

Nadie espera solo, así como nadie educa solo. La educación es un acto coral. En una época que impulsa el individualismo competitivo,

---

[7] León XIV, *Discurso a los educadores con motivo del Jubileo del Mundo Educativo*, Plaza de San Pedro, 31 de octubre de 2025.

la universidad debe ser el lugar donde se redescubra la fuerza de la *alianza*, la belleza de la cooperación y de la comunidad. La palabra *cuidado* cobra aquí un papel central. El cuidado es un sustantivo del futuro. El cuidado es la concretización de la gramática de la responsabilidad. Educar en el cuidado significa formar profesionales competentes, por supuesto, pero también ciudadanos capaces de darse cuenta de los demás, de hacerse cargo de la fragilidad. Esto es especialmente urgente ante el creciente malestar de las generaciones jóvenes. Los datos nos dicen que una parte significativa de los jóvenes europeos no tiene esperanza en el futuro. La ansiedad, la soledad y el aislamiento social son fenómenos que se cuelan en nuestras aulas. Una universidad que quiera ser un «laboratorio de esperanza» no puede ignorar este sufrimiento. Debe hacerse cargo de la salud mental y el bienestar integral de sus estudiantes, no como un servicio accesorio, sino como una condición esencial para el aprendizaje. Se necesita una pedagogía del cuidado que incluya la escucha, espacios de acogida, espacios pastorales de encuentro, celebración y guía espiritual, en un clima en el que pedir ayuda no se perciba como un fracaso. La esperanza se alimenta de la *confianza*. Confianza que es crédito dado a la posibilidad de crecimiento en relación. Enseñar y aprender son un acto de confianza en la inteligencia y la libertad. Maestros y estudiantes necesitan sentir que la institución inaugura en ellos oportunidades para la esperanza.

5. GENERATIVIDAD Y BELLEZA

La esperanza es generativa por naturaleza: ella impulsa a *ex-ceder*, ir más allá, superar los límites. La universidad expresa esta generatividad no solo en la enseñanza y la investigación, sino también en su apertura al mundo. La tercera misión de la universidad, el compromiso social y eclesial, el voluntariado, el servicio a los más pobres, el compromiso eclesial no son actividades extracurriculares: son lugares teológicos y pedagógicos donde se aprende la esperanza. Allí, la academia sale de sí misma y descubre que la ciencia alcanza su cumbre cuando se convierte en don y devuelve. La *fraternidad* es una competencia que se aprende practicándola. La educación para la ciudadanía global, la interdependencia y la caridad es la respuesta a la fragmentación del mundo. El papa León XIV recomienda, en la exhortación apostólica *Dilexi te*:

> Hay que alimentar el amor y las convicciones más profundas, y eso se hace con gestos. Permanecer en el mundo de las ideas y las discusiones, sin gestos personales, asiduos y sinceros, sería la perdición de nuestros sueños más preciados (n. 119).

La universidad debe ayudar a cultivar y a ampliar los sueños.

No olvidemos tampoco, en este léxico, la palabra *belleza*. Educar en la belleza significa educar en la esperanza, porque la belleza abre una brecha en el determinismo, nos dice que la realidad puede ser más luminosa, más armoniosa. Y subrayo aquí el papel de las artes en la formación integral. El arte, la literatura, la música no son evasiones. Son ejercicios de imaginación y empatía. Leer una novela, como nos recuerdan nuestros colegas humanistas, significa habitar otras vidas, comprender el dolor y la alegría ajenos, y descubrir que la esperanza resiste incluso en las situaciones más desesperadas. Los personajes literarios que esperan contra toda esperanza, se convierten en compañeros de viaje para nuestros estudiantes. La cultura es el lugar donde se guarda la memoria y se entrena la imaginación. Sin memoria, la esperanza se convierte en fantasía desarraigada; sin imaginación, la memoria se convierte en nostalgia estéril.

La universidad tiene la tarea de mantener vivo este diálogo entre el pasado y el futuro, entre la tradición, la innovación y el discernimiento. En un mundo saturado de información y pobre de verdad, discernir es el acto intelectual más necesario. Discernir significa distinguir lo que da vida, de lo que la consume. Significa evaluar las consecuencias de las innovaciones tecnológicas, distinguir entre progreso técnico y progreso humano. Significa no sufrir la inevitabilidad de los procesos, sino cuestionarlos a la luz del bien común. La escuela y la universidad deben ser gimnasios de discernimiento. No lugares donde se dan respuestas prefabricadas, sino donde se aprende a formular las preguntas adecuadas. «Ver, juzgar, actuar»: este triple movimiento, tan querido por la doctrina social, es la gramática de la esperanza operativa.

6. LAS CONSTELACIONES EDUCATIVAS COMO «MAPAS DE ESPERANZA»

Encaminándome a la conclusión, me gustaría subrayar que la esperanza no es solo una virtud singular, sino que debe convertirse en una característica de nuestras constelaciones educativas. Las universidades deben ser «mapas de esperanza». ¿Qué significa esto? Significa que la propia institución, en su forma de gobernarse, de gestionar los recursos, de tratar al personal, de acoger a los estudiantes, de celebrar y practicar la fe, debe encarnar los valores que proclama. El Santo Padre exhorta:

> Compartir el conocimiento no es suficiente para enseñar: se necesita amor. Solo así será provechoso para quienes lo reciben, en sí mis-

mo y también, y, sobre todo, por la caridad que transmite. La enseñanza nunca puede separarse del amor[8].

Una universidad que genera esperanza es una universidad que practica la inclusión, que combate las desigualdades en su seno, que valora el mérito, pero apoya a quienes tienen dificultades, que pueden ser materiales y espirituales. Es una universidad que no se encierra en una torre de marfil, sino que se convierte en un lugar de búsqueda y encuentro comunitario. La educación no es una nota al pie de página de la sociedad, es un motor del futuro. Es el «nuevo nombre de la paz». Las guerras nacen en la mente de los hombres, y es allí, en la educación, donde se construyen las defensas de la paz. Las universidades deben comprometerse a recordar que «la paz no es ausencia de conflicto: es fuerza suave que rechaza la violencia. Una educación para la paz «desarmada y desarmante» enseña a deponer las armas de la palabra agresiva y de la mirada que juzga, para aprender el lenguaje de la misericordia y de la justicia reconciliada»[9].

CONCLUSIÓN: LA EDUCACIÓN COMO CONSTELACIÓN DE ESPERANZA

Me gustaría concluir recogiendo el camino recorrido no en un simple resumen, sino en una imagen que pueda orientar nuestro trabajo futuro: la imagen de la constelación. El léxico de esperanza que hemos intentado articular no es una lista estática de términos, ni un

---

[8] León XIV, *Discurso a los educadores con motivo del Jubileo del Mundo Educativo*, Plaza de San Pedro, 31 de octubre de 2025.
[9] León XIV, Carta Apostólica *Diseñar nuevos mapas de esperanza*, 27 de octubre de 2025, n. 7.3.

diccionario para consultar cuando sea necesario; es, más bien, un mapa celeste que está tatuado en el corazón del hombre, imagen y semejanza de Dios (Gn 1,26).

Las palabras de esperanza forman una «constelación» de significados que expresan deseo, espera y voluntad de construir. Imaginemos, pues, las palabras que hemos evocado como astros individuales: *verdad, visión integral, diálogo, atención, interioridad, cuidado, responsabilidad.* Tomados aisladamente, estos conceptos corren el riesgo de ser estrellas frías, lejanas, incapaces de vencer la oscuridad de la «fatiga del futuro» que envuelve tantas vidas jóvenes. Pero si la educación católica cumple su misión, se convierte, entonces, en el acto de trazar líneas invisibles entre estos puntos luminosos, dibujando una figura con sentido en el cielo de nuestro tiempo.

En esta constelación, la educación cristiana nos ha enseñado a mirar la estrella polar de la persona, reconociendo que la esperanza es una virtud relacional, un «nosotros» que precede al yo, una luz que solo se enciende en la alianza entre generaciones. Una constelación no elimina la noche. La esperanza no borra la oscuridad de las crisis, las guerras o las incertidumbres que atraviesan el mundo y nuestras aulas. La esperanza, como las estrellas, sirve para navegar en la noche. Por eso, el acto de levantar la mirada hacia esta constelación requiere esa virtud que hemos identificado como el nombre más auténtico de la esperanza hoy en día: el valor; el valor de no renunciar a las convicciones ante la complejidad; el valor de creer que existe una verdad que mantiene unidos los fragmentos de la realidad. Dirigiéndose a los estudiantes, el Santo Padre dijo:

> No basta con tener un gran conocimiento científico, si luego no sabemos quiénes somos y cuál es el sentido de la vida. Sin silencio, sin

escucha, sin oración, incluso las estrellas se apagan. Podemos saber mucho del mundo e ignorar nuestro corazón» [10].

Que nuestras universidades sean, por tanto, cielos abiertos donde aprender esta navegación, dando testimonio de que «la esperanza no defrauda» y que vale la pena emprender el viaje. Y que ayuden, así, a conocer el propio corazón. Y a hacerlo con empeño y alegría.

¡Muchas gracias!

---

[10] León XIV, *Discurso a los Estudiantes con motivo del Jubileo del Mundo Educativo*, Plaza de San Pedro, 30 de octubre de 2025.

NUEVOS MAPAS DE ESPERANZA PARA LA EDUCACIÓN CATÓLICA EN EL SIGLO XXI

Excelentísimo gran canciller y obispo de Ávila, Mons. Jesús Rico García; Exmmo. cardenal Ricardo Blázquez Pérez; Excma. y Magfca. rectora, María del Rosario Sáez Yuguero; respetable presidenta del Consejo Directivo de la UCAV, doña. Lydia Jiménez González; excelencias reverendísimas; distinguidas autoridades civiles; ilustres rectoras y rectores; muy estimados profesores; amigos todos[1].

Con grande regocijo me dirijo a vosotros en este día. A todos mi profunda gratitud y mi sincero reconocimiento por labor que realizáis, con pasión y esmero, en el campo de la educación. Gracias también por vuestro trabajo científico y eclesial. Que las palabras que os dirigiré a continuación sirvan de impulso y aliento para seguir adelante.

---

[1] Conferencia pronunciada en la Universidad Católica de Ávila el 21 de enero de 2026.

En el marco del pasado Jubileo del Mundo Educativo, con ocasión del sexagésimo aniversario de la declaración conciliar *Gravissimum educationis*, el papa León XIV publicó la Carta Apostólica «Diseñar nuevos mapas de esperanza», que, junto a los discursos que también dirigió a los estudiantes y a los educadores en dicho Jubileo, representa la primera «cartografía» de su magisterio en cuanto a la educación se refiere. Por esta razón, permitidme la libertad de hacer referencia constantemente a ella en el transcurso de mi intervención, recordando que, como sucede con todo mapa, su lectura atenta y su consideración meditada, constituyen valiosas herramientas para la orientación, la planificación y la toma de decisiones estratégicas.

1. LA EDUCACIÓN CATÓLICA: UNA OBRA CORAL

La Universidad Católica Santa Teresa de Jesús de Ávila tiene treinta años. Es joven. Pero se basa en una historia; la historia de la idea de las universidades tiene más de mil años. Ciertamente, como instituciones, representan un caso notable de longevidad temporal, revelándose como referentes incomparables de servicio a la persona humana y a la sociedad, un motor de conocimiento e innovación. Sin embargo, ofrecen la experiencia de un itinerario que nace de la búsqueda común del conocimiento de la verdad, conocimiento que es clave para la realización integral de la persona humana. Un conocimiento que no es solo conceptual, sino que permite a cada uno profundizar en su propio ser; un conocimiento que no es solo técnico o que se limita a un aspecto de las ciencias, sino que se abre al horizonte de la trascendencia y del sentido. Como escribió santa Teresa, «es cosa tan importante ese conocernos… Y a mi parecer, jamás nos acabamos de conocer si no procuramos conocer a Dios» (1 Moradas, 2. 8).

Que la universidad sea, por tanto, un espacio en donde cada uno encuentre condiciones favorables para desarrollar su singularidad, convirtiéndose en protagonista de su propia vocación y misión, pero también, que constituya un extraordinario y polifónico entrelazamiento de diálogos que, en unidad, conduzcan al conocimiento de la Verdad plena (cf. Jn 16,13). No solo de las cuestiones penúltimas, sino asumiendo la tarea y el coraje de afrontar las cuestiones últimas. En efecto, «la universidad y la escuela católica –afirma el papa León XIV– son lugares donde las preguntas no se silencian y la duda no se prohíbe, sino que se acompaña. Allí, el corazón dialoga con el corazón, y el método es el de la escucha que reconoce al otro como un bien, no como una amenaza»[2].

Este carácter dialógico distintivo no se revela solo en la definición de su propio método o en el acto de llevar a cabo su misión, sino que es, ante todo, intrínseco a la etimología del nombre que le da origen. En efecto, en el término latino *universitas* se encuentra presente la centralidad del diálogo y se identifica la tarea de poner bajo esa actitud a las distintas disciplinas del conocimiento y a las personas que lo aman. Así lo subraya el *incipit* de la Constitución Apostólica *Ex corde Ecclesiae*, cuando recuerda que la universidad nació de la corporación de profesores y de sus alumnos «libremente unidos en el mismo amor al conocimiento». Y así mismo lo reafirma el Santo Padre cuando, en la Carta Apostólica que al inicio hemos mencionado, señala que «la educación cristiana es una obra coral: nadie educa solo. La comunidad educativa es un «nosotros» en el que el docente,

---

[2] LEÓN XIV, Carta Apostólica *Diseñar nuevos mapas de esperanza*, 27 de octubre de 2025, n. 3.1.

el estudiante, la familia, el personal administrativo y de servicio, los pastores y la sociedad civil convergen para generar vida»[3]. [Pues] «la verdad se busca en comunidad»[4].

2. EL VERDADERO VALOR DE LA EDUCACIÓN: LA PERSONA HUMANA

Entonces… ¿cuál es realmente el ADN de nuestras universidades católicas? ¿En dónde reside el verdadero valor de la educación? Si bien es cierto que, para tener una idea más o menos tangible de la calidad de una universidad y de su educación, existen los rankings y las agencias que las evalúan, sin embargo, debemos tener el valor de reconocer que eso no es suficiente, ni lo más importante. Sino que, como lo recuerda el papa León, «la educación no mide su valor solo en función de la eficiencia: lo mide en función de la dignidad, la justicia y la capacidad de servir al bien común. Esta visión antropológica integral debe seguir siendo el eje central de la pedagogía católica»[5].

La educación católica en el siglo XXI debe, por tanto, «abarcar a toda la persona: espiritual, intelectual, afectiva, social, corporal. Y no oponer lo manual y lo teórico, la ciencia y el humanismo, la técnica y la conciencia; sino que, más bien, la profesionalidad ha de estar impregnada de ética, y la ética no convertirla en una palabra abstracta, sino en una práctica cotidiana»[6]. Haciéndolo así, la educación

---

[3] León XIV, Carta Apostólica *Diseñar nuevos mapas de esperanza*, 27 de octubre de 2025, n. 3.1.
[4] *Ibid,* n. 3.2.
[5] *Ibid,* n. 4.2.
[6] Cf. *Ibid.*

católica estará en grado de responder a la apelación que ya san Juan Pablo II hacía en innumerables ocasiones, y que hoy, más que nunca, continúa siendo actual y particularmente urgente. Decía el papa:

> Es esencial que nos convenzamos de la prioridad de lo ético sobre lo técnico, de la primacía de la persona humana sobre las cosas, de la superioridad del espíritu sobre la materia. Solamente así servirá a la causa del hombre, si el saber está unido a la conciencia. Los hombres de ciencia ayudarán realmente a la humanidad solo si conservan "el sentido de la trascendencia del hombre sobre el mundo y de Dios sobre el hombre"[7].

Por este motivo, y no en vano ni por mera coincidencia, en el Pacto Educativo Global que el papa Francisco promovió –y que el papa León ha retomado– la primera vía que ahí se nos propone como compromiso fundamental en el campo de la educación es, precisamente, «poner en el centro a la persona»[8]. Y también por ello, en la Carta Apostólica *Diseñar nuevos mapas de esperanza*, del papa León, existe todo un apartado dedicado a la centralidad de ella:

> Poner a la persona en el centro significa educar en la mirada larga de Abraham (*Gn* 15,5): hacerles descubrir el sentido de la vida, la dignidad inalienable, la responsabilidad hacia los demás. La educación no es solo transmisión de contenidos, sino aprendizaje de virtudes.[9]

---

[7] Juan Pablo II, *Discurso a la Organización de las Naciones Unidas para la educación, la ciencia y la cultura–UNESCO*, n. 22; Cf. *Redemptor hominis*, n. 16; Cf. *Discurso a la Pontificia Academia de las Ciencias*, 1979, n. 4.

[8] Francisco, *Pacto Educativo Global. Vademecum*, 12 de septiembre de 2019.

[9] León XIV, Carta Apostólica *Diseñar nuevos mapas de esperanza*, 27 de octubre de 2025, n. 5.1.

En este sentido, al hablar de la educación, en el último número de la Carta Apostólica que nos ocupa, el Santo Padre hace un apelo a las comunidades educativas, exhortándolas a «desarmar las palabras, levantar la mirada y custodiar el corazón» [10] y, ante la vertiginosidad con la que el mundo cambia, les hace una petición muy puntual. Dice el papa:

> La historia nos interpela con nueva urgencia […] No basta con conservar: es necesario relanzar. Pido a todas las realidades educativas que inauguren una etapa que hable al corazón de las nuevas generaciones [11].

«Educar es una tarea de amor que se transmite de generación en generación» [12], pero a la vez, «educar es un acto de esperanza y una pasión que se renueva porque manifiesta la promesa que vemos en el futuro de la humanidad» [13]. Tradición e innovación es, pues, un binomio que hoy, en todas nuestras universidades, escuelas y centros educativos, tenemos que saber conjugar con gran premura y diligencia. Por una parte, la tradición constituye la base sólida para el futuro. Ofrece la estabilidad y la continuidad que hace posible el cambio y la transformación, y da un sentido de identidad en medio de la rápida aceleración y la fluidez de la mutación. La innovación, por su parte, en el proceso de introducir nuevas ideas, nuevos métodos, procesos o

---

[10] Cf. *Ibid,* n. 11.2.
[11] *Ibid.,* n. 10.2.
[12] León XIV, Carta Apostólica *Diseñar nuevos mapas de esperanza*, 27 de octubre de 2025, n. 3.2.
[13] Cf. Congregación para la Educación Católica, *Instrumentum laboris. Educar hoy y mañana. Una pasión que se renueva* (7 de abril de 2014), Introducción.

tecnologías, ayuda a mejorar las prácticas existentes. Su importancia radica en que, sin ella, la tradición corre el riesgo de no lograr comunicar con el «corazón de las nuevas generaciones», como lo pide el Santo Padre, y como vemos que lo requiere el mundo actual.

En uno de sus primeros encuentros que sostuvo con representantes del mundo educativo, el papa León les hizo tres preguntas, las cuales hoy, con motivo del tema que estamos abordando, yo quisiera retomar y proponéroslas también a vosotros. El papa les preguntó: «¿Cuáles son, en el mundo juvenil de nuestros días, los retos más urgentes que hay que afrontar? ¿Qué valores hay que promover? ¿Con qué recursos se puede contar?»[14]. Sin duda que las respuestas a estas interrogantes serán muchas y muy diversas, sin embargo, con la ayuda del magisterio del mismo Santo Padre, yo quisiera ofreceros un par de respuestas.

A la pregunta «¿con qué recursos se puede contar?» podemos responder diciendo, por ejemplo, que uno de los recursos importantes con el que hoy contamos y que, sin duda, no podemos ni debemos ignorar, es todo lo que se refiere al mundo digital, las nuevas tecnologías y la inteligencia artificial. Su presencia y su impacto en la vida del hombre es tal, que –sin temor a equivocarnos– podemos afirmar que «forman parte ya de nuestra vida». Vivimos tiempos en donde la historia ya no se escribe en papel, sino en pantallas; donde los cambios no tardan ya décadas, sino días, incluso horas. La información y los cambios avanzan de forma más acelerada que nuestras mismas instituciones educativas. Ante esta realidad nuestras universidades, nuestras escuelas y organizaciones, nuestros institutos y centros educativos no deben temer a la tecnología. Debemos comprenderla,

---

[14] LEÓN XIV, *Discurso a los Hermanos de las Escuelas Cristianas*, 15 de mayo de 2025.

aprovecharla, pero sobre todo humanizarla. La inteligencia artificial podrá escribir respuestas y ofrecer soluciones, pero solo nosotros podemos y debemos darles sentido. Por eso hemos de tener claro el centro y, ciertamente, nuestra actitud hacia la tecnología nunca puede ser hostil o de rechazo, porque «el progreso tecnológico forma parte del plan de Dios para la creación»[15].

De esto se deriva, en consecuencia, el hecho de que el mismo papa León, con sensibilidad contemporánea y visión profética, haya querido incluir como una de las prioridades dentro del Pacto Educativo Global propuesto por el papa Francisco, el mundo de lo digital en relación con lo humano. Cito al papa León:

> A las siete vías agrego tres prioridades. [...] La segunda se refiere a lo digital humano: formemos en el uso sabio de las tecnologías y la IA, colocando a la persona antes que el algoritmo y armonizando las inteligencias técnica, emocional, social, espiritual y ecológica.[16]

Porque «las tecnologías –continúa afirmando el Santo Padre– deben servir a la persona, no sustituirla; deben enriquecer el proceso de aprendizaje, no empobrecer las relaciones y las comunidades»[17]. Ya que «solo adoptando un enfoque educativo, ético y responsable podremos garantizar que la inteligencia artificial sea un aliado, y no una amenaza»[18]. Pues, en definitiva, «el punto clave no es la tecnolo-

---

[15] Dicasterio para la Doctrina de la fe y Dicasterio para la Cultura y la Educación, Nota *Antiqua et nova* (28 de enero de 2025), n. 117.

[16] León XIV, Carta Apostólica *Diseñar nuevos mapas de esperanza*, 27 de octubre de 2025, n. 10.3.

[17] *Ibid*, n. 9.1.

[18] León XIV, *Discurso a los participantes en la Conferencia "La dignidad de los niños y adolescentes en la era de la inteligencia artificial"*, Sala Clementina, 13 de noviembre de 2025.

gía, en sí, sino el uso que hacemos de ella»[19].

Así pues, cuanto más grande y apremiante es la llamada a la innovación, tanto más urgente y necesaria se vuelve la profundización en el sentido de lo que somos, de nuestra vocación y misión, de nuestras raíces. Y es aquí donde os propongo la segunda respuesta a otra de las interrogantes hechas por el Santo Padre. A la pregunta ¿qué valores hay que promover? Una respuesta sintética: la interioridad.

La fidelidad a nuestra identidad nos pide que permanezcamos en la sabiduría de la escucha. Pienso en las palabras de ese extraordinario maestro de la vida interior que es san Juan de la Cruz:

> Estaba tan embebido
> tan absorto y ajenado
> que se quedó mi sentido
> de todo sentir privado,
> y el espíritu dotado
> de un entender no entendiendo,
> *toda ciencia trascendiendo.*

«Embebido, absorto... el espíritu dotado de un entender». La escucha es una pedagogía de intimidad con Aquel que es «el camino, la verdad y la vida» (Jn 14,6). Nuestro origen, nuestra razón de ser y nuestro seguro proceder se encuentran en la escucha de la palabra del Maestro. Por ello, en el discurso que el papa dirigió a los educadores en el Jubileo del Mundo Educativo, al enumerar los cuatro aspectos que considera fundamentales para la educación católica, el primero que menciona –antes de la unidad, el amor y la alegría– es

---

[19] LEÓN XIV, Carta Apostólica *Diseñar nuevos mapas de esperanza*, 27 de octubre de 2025, n. 9.3.

la interioridad. Y, al profundizar en ella, el Santo Padre afirma categóricamente:

> Es un error pensar que para enseñar son suficientes palabras bonitas o aulas escolares en buen estado, laboratorios o bibliotecas. Estos son solo medios y espacios físicos, ciertamente útiles, pero el Maestro está dentro. La verdad no circula a través de sonidos, muros y pasillos, sino en el encuentro profundo entre las personas, sin el cual, cualquier propuesta educativa, está destinada al fracaso[20].

Necesidad de interioridad para los estudiantes, quienes al vivir inmersos en un mundo *hipertecnologizado* e *hiperconectado*, pueden verse «dominados por pantallas y filtros tecnológicos»[21], más deseosos de *conectarse* con el exterior que con el interior. Pero también, necesidad de interioridad para los educadores, quienes «con frecuencia cansados y sobrecargados de tareas burocráticas, corren el riesgo real de olvidar lo que san John Henry Newman sintetizaba con la expresión *cor ad cor loquitur* –«el corazón habla al corazón»–, y que san Agustín recomendaba diciendo: «No quieras derramarte fuera; entra dentro de ti mismo, porque en el hombre interior reside la verdad» (*De vera religione*, 39, 72)»[22].

Necesario será, por tanto, saber encontrar momentos de silencio y meditación, no solo para la oración y la contemplación, sino también para reflexionar sobre la propia existencia. Solo a través de este paso de introspección, la luz de la Verdad abrirá una brecha en medio de la oscuridad de la apatía y la indiferencia, acabando con el

---

[20] León XIV, *Discurso a los Educadores con motivo del Jubileo del Mundo Educativo*, Plaza de San Pedro, 31 de octubre de 2025.
[21] León XIV, *Discurso a los Educadores con motivo del Jubileo del Mundo Educativo*, Plaza de San Pedro, 31 de octubre de 2025.
[22] *Ibid.*

«predominio de ritmos y estilos de vida en los que no hay suficiente espacio para la escucha, la reflexión y el diálogo» [23]. Por eso es tan importante la pastoral universitaria y el diálogo fe y razón.

4. LA PEDAGOGÍA POR EXCELENCIA EN LA EDUCACIÓN: EL TESTIMONIO

Amigos todos, llegando al final de mi intervención, quisiera hacer alusión a un texto del Evangelio de san Mateo, para extraer de él una última reflexión.

En los versículos finales con los que el evangelista concluye su obra, el autor nos refiere las últimas palabras que Jesús dirigió a los discípulos antes de subir al cielo:

> Vayan y hagan discípulos a todos, bautizándolos en el nombre del Padre y del Hijo y del Espíritu Santo, y enseñándoles a guardar todo lo que yo les he mandado» (Mt 28,19-20a).

Estas palabras del Señor, además de ser un testamento espiritual, son una misión que los discípulos están llamados a acoger y cumplir, y que, por tanto, se convierten en un itinerario de vida para todos aquellos que se consideren seguidores suyos. Esta es la razón por la que, en su misión evangelizadora, la Iglesia tiene como parte inherente de su labor el deber educativo, un deber del cual no puede sustraerse o desentenderse, a menos que no quiera ser fiel a la voluntad de su divino Maestro.

En la locución con la cual Mateo expresa el mandato del Señor de

---

[23] León XIV, *Discurso a los Hermanos de las Escuelas Cristianas*, 15 de mayo de 2025.

«enseñar» a los otros, es importante notar que el uso lingüístico que él y los demás evangelistas hacen de ese verbo, se asemeja al sentido y al significado que tiene en el ambiente rabínico, es decir, *didásko* 'enseñar', no significa únicamente la formación intelectual o de las capacidades y habilidades, sino también, y, sobre todo, hace referencia a la educación de la vida. Esta afirmación la podemos constatar cuando contemplamos el actuar de Jesús, quien, durante su ministerio, fundamentó la mayor parte de su atención en la formación del discipulado. De hecho, de acuerdo con las costumbres de aquella época, el discípulo seguía al maestro y se iba a vivir con él, para aprender no solo de sus palabras, sino principalmente de su conducta.

El testimonio de vida es, pues, la pedagogía por excelencia. Es la mejor y más poderosa herramienta de la cual disponemos para educar a quienes se nos confía. Y es que, ahí donde las palabras frías y los conceptos áridos no alcanzan, o donde las teorías impasibles resultan insuficientes, contamos con el ardor del testimonio de vida. «La universidad católica –decía el Papa Francisco– es custodia del fuego [del saber] y, por tanto, puede transmitirlo. Y la única manera de hacerlo es por contacto, es decir, a través del testimonio personal y comunitario, pues, incluso, antes de transmitir lo que uno sabe, se enciende el fuego, primero, compartiendo lo que uno es»[24]. E insiste el papa León:

> La escuela católica es un ambiente en el que se entrelazan la fe, la cultura y la vida. No es simplemente una institución, sino un ambiente vivo en el que la visión cristiana impregna cada disciplina y cada interacción. Los educadores están llamados a una responsabi-

---

[24] FRANCISCO, *Videomensaje a la Universidad Católica del Sagrado Corazón de Milán*, 19 de diciembre de 2021.

lidad que va más allá del contrato de trabajo: su testimonio vale tanto como su lección[25].

Así pues, si queremos ser creíbles, referentes, auténticos educadores y evangelizadores, las acciones de nuestra vida han de estar alineadas y en consonancia con los mensajes que transmitimos. De no ser así, si nuestro actuar global no es acorde con lo que enseñamos, nadie creerá realmente en nosotros, ni en nuestro mensaje. Decía el papa San Pablo VI: «El hombre contemporáneo escucha más a gusto a los que dan testimonio que a los que enseñan […], o si escuchan a los que enseñan, es porque dan testimonio»[26].

5. CONCLUSIÓN

Por todo lo anterior, es preciso que abunde el buen ejemplo entre nosotros y predominen las buenas obras, ya que la labor que tenemos entre manos «reviste un significado cultural y religioso de vital importancia, pues concierne al futuro mismo de la humanidad»[27].

¡Enhorabuena a todos! y con la ayuda de la cultura y la educación, a través de acciones concretas, unámonos al camino de la fraternidad universal y de la reconciliación con el mundo que nos al-

---

[25] LEÓN XIV, Carta Apostólica *Diseñar nuevos mapas de esperanza*, 27 de octubre de 2025, n. 5.2.

[26] Cf. PABLO VI, Exhortación Apostólica *Evangelii nuntiandi*, 8 de diciembre de 1975, n. 41.

[27] JUAN PABLO II, Constitución Apostólica *Ex corde Ecclesiae*, Roma, 15 de agosto de 1990, Conclusión.

berga, y embellezcámoslo con nuestro propio aporte[28], el que, indudablemente, es valioso y necesario. Y como lo pide el papa León: «Desarmemos las palabras, levantemos la mirada y custodiemos el corazón».[29] ¡No tengamos miedo de mirar más allá de las nubes y diseñar nuevas visiones del mundo! ¡Nuevos mapas de esperanza para la educación! Nuestra meta es ser una constelación que no solamente brille, sino que oriente «hacia la verdad que libera (cf. Jn 8, 32), hacia la fraternidad que consolida la justicia (cf. Mt 23, 8), hacia la esperanza que no defrauda (cf. Rm 5, 5)».[30] Y en este jubileo de san Juan de la Cruz, recordemos sus palabras también como un desafío para nuestras universidades católicas, ya que la esperanza «tanto alcanza cuanto espera».

¡Muchas gracias!

---

[28] Cf. Francisco, *Exhortación Apostólica Laudate Deum*, n. 69.
[29] Cf. León XIV, Carta Apostólica *Diseñar nuevos mapas de esperanza*, 27 de octubre de 2025, n. 11.2.
[30] *Ibid*, n. 11.3.

TOLENTINO DE MENDONÇA, TEÓLOGO Y POETA

JAVIER HUERTA CALVO
Universidad Complutense de Madrid
Fundación Universitaria Española

Creo en el sol, incluso cuando no lo veo
Creo en el amor, incluso cuando no lo abrazo
Creo en Dios, incluso cuando Dios se calla
(«Credo», atribuido a Yossel Rakover) [1]

E*minencia:*

La Fundación Universitaria Española se honra acogiéndolo en este Salón de Actos donde hace años dictó su magisterio el entonces cardenal Josef Ratzinger, que al poco ocuparía la cátedra de Pedro con el nombre de Benedicto XVI.

Nuestra Fundación, ya casi centenaria, se ha caracterizado desde sus orígenes por la fidelidad a los principios y valores del humanismo cristiano, al servicio de la universidad y la cultura en sus diversos ámbitos: Pensamiento, Historia, Arte, Literatura, Derecho, Educación y Teología.

En algunas de estas materias destacaban ya, hacia los años 20 del siglo pasado, un grupo de estudiantes católicos que, en la Universi-

---

[1] Del libro de José Tolentino de Mendonça, *Estaçao Central [Estación Central],* incluido en *A noite abre meus olhos (Poesia reunida),* Oporto, Porto Editora, 2014, 3.ª ed.

dad Central de Madrid, pusieron en marcha la revista *Filosofía y Letras*. Entre ellos, el historiador del arte y polígrafo Juan de Contreras, marqués de Lozoya, el poeta Vicente Aleixandre, Premio Nobel de Literatura 1977, y Pedro Sainz Rodríguez, intelectual de vastos saberes e intereses, que van de la literatura a la política, y al que cabe considerar alma máter de esta casa tras su regreso del exilio en Portugal, donde formó parte del Consejo privado de don Juan de Borbón. Aquí se custodia su imponente colección de libros que, junto a fondos propios y otras donaciones, forma la biblioteca de la Fundación: un total de 140 000 volúmenes, de los cuales más de 10 000 llevan data anterior al siglo XVIII. Un buen número de estos últimos pertenecen al ámbito en que don Pedro fue notabilísimo experto, la literatura espiritual: valiosas ediciones de Erasmo de Róterdam, Juan de Ávila, fray Luis de León, Teresa de Jesús, fray Luis de Granada, Juan de la Cruz, el padre António Vieira, amén de una importante colección de sermonarios y tratados de ascética y mística.

★ ★ ★

Pocos lugares en Madrid tan idóneos, pues, para que una personalidad como la que hoy nos visita nos hable de cuestión tan sustantiva en la espiritualidad cristiana de todos los tiempos como lo es la esperanza. Prestigioso teólogo, filólogo investigador y exégeta de los textos bíblicos, profesor universitario, ensayista, dramaturgo, poeta, don José Tolentino de Mendonça ofrece una producción literaria que rebasa la cincuentena de títulos, algunos de ellos varias veces reeditados y traducidos a diversos idiomas[2].

---

[2] Tómense estas páginas como una aproximación de urgencia a la escritura de monseñor Tolentino de Mendonça, en particular a su faceta poética, que confluye de modo admirable con su ensayística de carácter teológico.

Sin ánimo de robar tiempo a monseñor Tolentino, y con el único propósito de que sirvan como invitación a la lectura de sus obras por parte de las personas que aún no se hayan acercado a ellas, permítanme unas palabras desde el respeto y la admiración que en mí han causado.

El primer libro suyo que cayó en mis manos lleva un título que a un historiador del teatro no puede dejarle indiferente: *Um Deus que dança [Un Dios que baila]*. Quien lo prologa es, además, un gran hombre de teatro, el actor hispanoportugués Luís Miguel Cintra, director del Teatro da Cornucópia de Lisboa, a quien recordamos por su memorable interpretación de la *Danza de la Muerte* en el espectáculo que dirigió en 2010 la directora española Ana Zamora al frente de su compañía Nao d' Amores. Esta *danza* de Tolentino no va, sin embargo, de la muerte, sino de la vida y de la forma más alta de comunicación con Dios que es la oración, concebida por él como «el júbilo repentino de dos amigos que se reencuentran». A menudo y por ventura ocurre, como afirma Cintra en su prólogo, que esa oración se materializa también en la literatura, la pintura, el cine, la música, el teatro y la poesía, manifestaciones todas del espíritu sobre las que una y otra vez vuelve nuestro autor en sus escritos con una encomiable liberalidad y una asombrosa amplitud de miras.

Quien les habla, lego absoluto en teología, confiesa haber quedado seducido por la humildad de estilo y la sencillez conceptual –la difícil sencillez conceptual– de los ensayos teológicos de monseñor Tolentino de Mendonça, cualidades que se hacen ver ya desde sus títulos mismos: *Pequeña teología de la lentitud, Hacia una espiritualidad de los sentidos, Para una teología de la amistad, El pequeño camino de las grandes preguntas, Elogio de la sed, La mística del instante, Las caras de Dios…* Son libros que rehúyen el formato del tratado sesudo, para, sin merma del rigor y la hondura, adoptar más fluidos y ligeros cauces expresivos: la glosa, el aforismo, la oración, el poema en prosa, el ensayo filológico de estructura ágil y justa erudición; así, por caso, *La construcción de Jesús,* un exhaustivo análisis narratológico del Evangelio de Lucas (7, 36-50), esto es, el episodio de Cristo en casa del fariseo con la irrupción de la mujer pecadora. A este conmovedor relato se asoma Tolentino no desde la perspectiva fría y aséptica de un narratólogo al uso sino desde la emoción del lector que se siente acrecido y transformado por el poder de la palabra: «La convivencia con ese texto –nos confía– cambió por completo mi forma de mirar a Jesús y, de ese modo, cambió también mi vida»[3].

* * *

Teología y poesía, tan distintas como distantes en la práctica habitual. Situación similar al divorcio secular de la filosofía y la poesía, al que consagrara páginas brillantes María Zambrano, cuya teoría de la *razón poética* es una ambiciosa tentativa por desandar el camino de tantos siglos hacia el reencuentro de ambas. Y restituir los vínculos que unieron, en la historia de la espiritualidad, a la teología y la poesía, hermanadas en la exploración del misterio, es –creo– el *leit motiv* que impulsa los trabajos del cardenal Tolentino. Como escribe el poeta Eugénio de Andrade, compatriota de nuestro invitado, «el acto poético es el empeño total del ser para su propia revelación». Y añade:

> De Homero a san Juan de la Cruz, de Virgilio a Alexandre Block, de Li Po a William Blake, de Basho a Cavafis, la mayor ambición del quehacer poético siempre ha sido la misma: *Ecce Homo.* He aquí al hombre, he aquí su efímero rostro formado por miles y millones de

---

[3] *La construcción de Jesús. La sorpresa de un retrato* [2015], Maliaño (Cantabria), Sal Terrae, 2017.

rostros, todos ellos alentando espléndidamente en la tierra, ninguno superior al otro, separados por mil y una diferencias, unidos por mil y una cosas comunes, semejantes y distintos, parecidos todos y, sin embargo, cada uno de ellos único, solitario, desamparado[4].

Los que menciona Andrade son casi todos poetas muy caros al padre Tolentino, en particular san Juan de la Cruz, cuyo *Cántico espiritual* es, sin duda, el modelo más alto de fusión de lo poético y lo teológico, lo humano y lo divino, lo sensorial y lo espiritual. Como homenaje al santo carmelita ha de entenderse el título que dio monseñor a su *Poesía reunida: A noite abre meus olhos* [*La noche abre mis ojos*]. Como es bien sabido, en san Juan solo después de atravesar la noche oscura, «más cierta que la luz del mediodía», le es dado al alma encontrarse con el Esposo. Al igual que en san Juan y tras la estela del *Cantar de los cantares*, hay en la poesía y la prosa de Tolentino de Mendonça una vindicación de los sentidos; no solo el del oído y la vista sino también los otros tres –tacto, olfato y gusto–, menos prestigiados en la tradición lírica[5]. Retomo su magistral escolio del citado pasaje de Lucas, a propósito de esta su revalorización, desde la fe, del mundo sensorial:

> Son las lágrimas de la mujer las que hacen pensar a Jesús en el agua del fariseo; son los besos de ella los que hacen a Jesús declarar que no ha recibido de Simón el beso de rigor; y es el perfume que ella vierte sobre sus pies lo que hace criticable la ausencia del aceite para su cabeza.

---

[4] *Antología poética (1940-1980),* versión de Ángel Crespo, Barcelona, Plaza y Janés, 1981, pp. 39-40.
[5] *Hacia una espiritualidad de los sentidos* [2014], trad. T. Matarranz, Barcelona, Fragmenta, 2016.

Lo sensitivo no es, pues, antagónico de lo sagrado. A pesar de ir a él dedicada, don Manuel de Falla montó en cólera cuando leyó la «Oda al Santísimo Sacramento del altar», de Federico García Lorca. Aunque andaluz como el poeta, el gran músico juzgó irreverente la cristianísima sensorialidad con que Lorca, evocando el festival de los sentidos que eran las representaciones de los autos sacramentales en el Siglo de Oro, celebraba el más sublime misterio de nuestra religión.

A propósito de esta «espiritualidad de los sentidos», a la que ha dedicado un ensayo esclarecedor Tolentino de Mendonça, no me resisto a leerles un poema donde vuelve a aparecer el de Fontiveros en curioso litigio con un famoso diseñador de moda:

> Giorgio Armani había declarado
> a un periódico inglés: «El lujo me desagrada
> es antidemocrático
> Quiero ahora rendir homenaje a los obreros de todo el mundo».
> Yo solo pensaba en san Juan de la Cruz
> mientras oía por enésima vez:
> «la moda sustituye el lujo
> por la elegancia».
>
> Juan de la Cruz habla de coronas
> resplandecientes, de casullas,
> de velos de seda, de relicarios de oro y diamantes[6].

---

[6] Los versos pertenecen al poema «O silencio», que doy íntegro en su idioma original: «Regressamos a una terra misteriosa / trazemos uma ferida / e o corpo ferido / imprevistamente nos volta / para margens mais remotas // Giorgio Armani tinha declarado / àquele jornal inglés: "o luxo desagrada-me / é anti-democrático. / Quiero agora homenagear os operários de todo o mundo" / Eu só pensaba em São João da Cruz / enquanto ouvia pela enésima vez: / "a moda substitui o luxo pela elegância" // João da Cruz fala de coroas resplendores, casulas / véus de seda, relicarios de ouro e / diaman-

Ningún recurso mejor que la ironía para contrastar la demagogia y el populismo de los nuevos mercaderes del templo con la autenticidad de un fraile descalzo que padeció hambre y penalidades pero que supo valorar la belleza de lo suntuario en honor de Dios. A este propósito se pregunta el poeta: «¿Por qué tememos tanto la belleza?»[7]. Y es quizá una interrogación retórica dirigida a los teólogos que han descuidado el culto a la belleza y que pudiera quizá formularse de este modo: ¿Por qué los teólogos han temido tanto a la poesía? Un tema inquietante para el padre Tolentino:

> Creo que a nosotros los cristianos, debería inquietarnos mucho lo que dijo uno de los mayores teólogos de nuestro tiempo, Hans Urs von Balthasar, al sugerir que la vitalidad del sentir cristiano en el siglo xx se reflejaba más en la obra de los grandes poetas que en toda la teología que se había escrito en él[8].

* * *

Al igual que en su obra ensayística, Tolentino de Mendonça opta en la poética por las formas más leves de expresión y cuanto más leves y breves más densas y sugestivas de significado: el verso libre o blanco, el proverbio, el aforismo, u otras de estirpe oriental como el jaiku, que casa a la perfección con su culto al silencio, y que a veces nos evoca la humorística greguería de Gómez de la Serna. El buen humor no está ausente en la teología del autor, pues que tampoco lo

tes // para lá do jogo das nossas defesas / cualquier coisa interior / a intensa solidão das tempestades / os campos alagados, / os sitios sem resposta // o teu silencio, ó Deus, altera por completo os espaços» (*A noite abre meus olhos*, p.176),

[7] *El hipopótamo de Dios,* trad. C. del Valle, Madrid, Narcea, 2019, pp. 40-44.

[8] *El hipopótamo de Dios,* p. 44.

está en Dios, tal como nos explica en su *Teología de la amistad*[9] He aquí una pequeña muestra:

> Las nubes parecen hoy
> monjes tomando té
> en silencio.
>
> En Dios todo se asemeja:
> tu oración y el canto
> de la rana
>
> A menudo Dios prefiere
> entrar en nuestra casa
> cuando no estamos[10].

En los versos y prosas de nuestro autor se abrazan culturas heterogéneas, autores de fe diversa y hasta descreídos, la tradición y la modernidad en ejemplar síntesis: de Erckhart y Silesius a Merton y Newman, de san Francisco de Asís a Pasolini y Basho, de santa Teresa a Chesterton y Simone Weil, de Dickinson y Rilke a Claudel, Celan o Pessoa, el mayor de los poetas portugueses del siglo xx, muy presente también en la poética de nuestro autor.

* * *

Les invito a acercarse a la obra de monseñor Tolentino de Mendonça, teólogo poeta, poeta teólogo. En ella encontrarán un canto a la vida

---

[9] Véanse «El humor de Dios» y «Pablo, maestro de la alegría cristiana», capítulos ambos de *Ningún camino será largo. Para una teología de la amistad,* Madrid, San Pablo, 2013, pp. 185 ss.
[10] De su poemario *A papoila e o monge [La amapola y el monje],* incluido en *A noite abre meus olhos,* ob.cit. pp.287 ss.

y su trascendencia, un gozoso redescubrimiento de la palabra revelada, y un mensaje optimista de esperanza, la esperanza, objeto de la extraordinaria conferencia que en este volumen se publica.

APÉNDICE FOTOGRÁFICO

Este libro se terminó de imprimir
el 8 de marzo de 2026,
festividad de San Juan de Dios.
Laus Deo.